BEI GRIN MACHT SICH IHR WISSEN BEZAHLT

AF152781

- Wir veröffentlichen Ihre Hausarbeit, Bachelor- und Masterarbeit

- Ihr eigenes eBook und Buch - weltweit in allen wichtigen Shops

- Verdienen Sie an jedem Verkauf

Jetzt bei www.GRIN.com hochladen und kostenlos publizieren

Annika Singelmann

Die Lebensweise der Germanen

Siedlungsraum und Siedlungswesen

GRIN Verlag

Bibliografische Information der Deutschen Nationalbibliothek:

Die Deutsche Bibliothek verzeichnet diese Publikation in der Deutschen Nationa - bibliografie; detaillierte bibliografische Daten sind im Internet über http://dnb.c-nb.de/ abrufbar.

Dieses Werk sowie alle darin enthaltenen einzelnen Beiträge und Abbildungen sind urheberrechtlich geschützt. Jede Verwertung, die nicht ausdrücklich vom Urheberrechtsschutz zugelassen ist, bedarf der vorherigen Zustimmung des Verla-ges. Das gilt insbesondere für Vervielfältigungen, Bearbeitungen, Übersetzungen, Mikroverfilmungen, Auswertungen durch Datenbanken und für die Einspeicherung und Verarbeitung in elektronische Systeme. Alle Rechte, auch die des auszugsweisen Nachdrucks, der fotomechanischen Wiedergabe (einschließlich Mikrokopie) sowie der Auswertung durch Datenbanken oder ähnliche Einrichtungen, vorbehalten.

Impressum:

Copyright © 2008 GRIN Verlag GmbH
Druck und Bindung: Books on Demand GmbH, Norderstedt Germany
ISBN: 978-3-640-41356-0

Dieses Buch bei GRIN:

http://www.grin.com/de/e-book/131666/die-lebensweise-der-germanen

GRIN - Your knowledge has value

Der GRIN Verlag publiziert seit 1998 wissenschaftliche Arbeiten von Studenten, Hochschullehrern und anderen Akademikern als eBook und gedrucktes Buch. Die Verlagswebsite www.grin.com ist die ideale Plattform zur Veröffentlichung von Hausarbeiten, Abschlussarbeiten, wissenschaftlichen Aufsätzen, Dissertationen und Fachbüchern.

Besuchen Sie uns im Internet:

http://www.grin.com/

http://www.facebook.com/grincom

http://www.twitter.com/grin_com

TECHNISCHE UNIVERSITÄT CAROLO-WILHELMINA ZU BRAUNSCHWEIG
Historisches Seminar
A2 Hauptseminar „Rom und die Germanen"
Wintersemester 2007/ 2008
Datum: 05.05.2008

Die Lebensweise der Germanen.

Siedlungsraum und Siedlungswesen.

Eine Ausarbeitung vorgelegt von Annika Singelmann

INHALTSVERZEICHNIS

Einleitung

Im Rahmen des Referates zur „Lebensweise der Germanen" liefert diese Arbeit eine schriftliche Wiedergabe und einen kurzen Überblick über die Subthemen „Siedlungsraum und Siedlungswesen der Germanen" in der Römischen Kaiserzeit. Zudem liegen diesem Themenkomplex unterschiedliche Quellengattungen mit unterschiedlichen Ergebnissen und Befunden zu Grunde, die in dieser Arbeit vergleichend Berücksichtigung – unter geringerer Bezugnahme auf die sprachlichen Quellen - finden sollen. Gleichsam wirft die Quellenlage die Problematik eines eindeutig fassbaren Germanentums auf, die ebenso in dieser Arbeit behandelt werden soll.

1. Siedlungsraum

1.1 Siedlungsgebiet

Zur Erschließung des Siedlungsgebietes sind neben die historischen Quellen vor allem die sprachwissenschaftlichen Untersuchungen und die archäologischen Ergebnisse, die aus den Untersuchungen größerer Fundkomplexe (Gräberfelder, Siedlungen, Opferplätze und Heiligtümer) hervorgegangen sind, getreten, die zwar in der Frage des Siedlungsgebietes zu neuen und wichtigen Erkenntnissen geführt haben, in einem Vergleich aber kein einheitliches Bild liefern.

Die **historischen Quellen** gehen auf die Überlieferungen griechischer und römischer Schriftsteller bis 340 v. Chr. zurück. Doch erst Poseidonius (etwa 135-51 v. Chr.) bezeichnete einen rechtsrheinischen Stamm als Germanen, die er von den Kelten schied. Besondere Erwähnung verdient aber Cäsars Werk ‚De bello Gallico', dessen umfassendere Auslegung des Germanen-Begriffs und eine deutlichere geographische Abgrenzung der Germanen das römische Germanenbild prägte und auch die Vorstellung von ihrem Siedlungsgebiet festlegte. Hiernach war Germanien der Raum zwischen dem Rhein im Westen, der Donau oder den Alpen im Süden, der Nord- und Ostsee im Norden und der Weichsel im Osten.[1] Hieran wird

---

[1] Vgl. Goetz, Hans-Werner/ Welwei, Karl-Wilhelm: Altes Germanien. Auszüge aus den Antiken Quellen über die Germanen und ihre Beziehungen zum Römischen Reich. Quellen der alten Geschichte bis zum Jahre 238 n. Chr. Erster Teil (Ausgewählte Quellen zur deutschen Geschichte des Mittelalters, Bd. 1a). Darmstadt 1995, S. 4 f.; vgl. Mildenberger, Gerhard: Sozial- und Kulturgeschichte der Germanen. Von den Anfängen bis zur Völkerwanderung. Stuttgart et. al. 1972, S. 12 f.

deutlich, dass die Bezeichnung von einem Stamm auf ein ganzes Volk übertragen wurde und dass es sich um eine Fremdbestimmung von römischer Seite handelte, die eine tatsächliche ethnische Zusammengehörigkeit oder ein germanisches Identitätsbewusstsein entbehrte und es sind Zweifel angebracht, ob die Stämme, die die Römer für Germanen hielten, tatsächlich Germanen waren.

Auch **die Archäologie** kann nicht von sich aus bestimmen, was als Germanisch einzustufen ist oder nicht, sie kann nur verschiedene Kulturgruppen (siehe Anhang Abb. 1) scheiden, die sich anhand ihrer Kulturerzeugnisse ähneln oder unterscheiden und so bestimmte Gebiete festlegen, die mehr oder minder unter keltisch-illyrischen, slawischen oder germanischen Einflüssen standen. So zeigen archäologische Befunde entgegen der historischen Überlieferung tatsächlich, dass man im rechtsrheinischen Germanien eher einen keltischen Süden von einem germanischen Norden scheiden muss und die Grenzzone der Mittelgebirge von einer Mischkultur besiedelt war. Für die germanische Forschung ist die Jastorf-Kultur interessant, die sich im niedersächsisch-holsteinischen Elbgebiet ausbreitete und *„deren Ausläufer im Norden bis nach Jütland und Südskandinavien, im Osten bis nach Mecklenburg und in Prignitzgebiet und im Süden bis in den Elster-Mulde-Saale-Raum reichten.“*[2] Da in diesem Gebiet und auch in der verwandten Harpstedt-Nienburger Kultur eine grundsätzliche Kulturkontinuität in vorchristlicher Zeit und auch zur Zeitenwende zu beobachten ist, geht man heute davon aus, dass die Jastorf-Kultur bereits germanisch gewesen sein könnte. Demnach wären Germanen in Südskandinavien, Dänemark, an der deutschen Nord- und Ostseeküste und im Elbgebiet angesiedelt gewesen. Inwieweit aber auch die Randgebiete (besonders Nordwestdeutschland) als germanisch anzusehen sind, bleibt strittig, *„aber durchaus möglich, da man heute kaum mehr von einem einheitlichen Ursprung aller Germanen ausgeht.“*[3] Auch von sprachgeschichtlicher Warte aus, scheint eine klare Abgrenzung des Germanischen nicht möglich. Die auch historisch überlieferten Wanderbewegungen führten dann zu einer Ausbreitung dieser Kulturgruppe und auch zu einer Vermischung mit anderen Volks- bzw. Kulturgruppen, so dass man zwar davon sprechen kann, dass diese Gebiete unter germanischen Einfluss standen, aber nicht mehr davon, dass sie von einer einheitlichen und abgrenzbaren Volksgruppe besiedelt wurden. Das im Anhang mitgeführte Schaubild (siehe Anhang Abb. 2) zeigt die im 1. und 2 Jahrhundert n. Chr. als hauptsächlich germanisch anzusehenden Kulturgruppen und veranschaulicht die Gebiete der Jastorf-Kultur. Diese Fundgruppen zeigen zwar Übereinstimmungen mit historischen Stämmen auf, können aber nicht mit diesen gleichge-

---

[2] Goetz 1995 (wie Anm. 1), S. 7.
[3] Ebd.

setzt werden.[4] Ging man bis in die jüngste Vergangenheit davon aus, dass Kulturprovinzen deckungsgleich mit ganz bestimmten ethnischen Einheiten seien, kann diese These heute nicht mehr aufrecht erhalten werden. Auch wenn räumliche Berührungspunkte vorhanden sind, lassen sich die historische Überlieferung des Germanengebietes, die sprachwissenschaftlichen Zuordnungen zu einem germanischen Sprachraum und die archäologischen räumlichen Einteilungen in germanische Kulturgruppen nicht in Einklang bringen, so dass sich ein eindeutiges ethnisch fassbares Germanentum nicht aufzeigen lässt. Nennt die historische Überlieferung ethnisch-politische Gebilde, die Stämme, so sind durch regional unterschiedliche archäologische Bodenfunde Kulturgruppen erkennbar. Man kann die Stämme zwar den Kulturgruppen räumlich zuordnen, beide aber nicht miteinander identifizieren, wie das in der Vergangenheit vielfach versucht wurde. Alle sprachlich, religiös oder ethnisch definierten Gruppen, und so auch die Germanen, können nur als Teile solcher Kulturgruppen aufgefasst, nicht aber mit ihnen gleichgesetzt werden. Es lassen sich aber eindeutig Kulturgruppen im nord- und mitteleuropäischen Raum von umliegenden Kulturgruppen, deren Träger eher zu den keltisch-illyrischen oder slawischen Bevölkerungsgruppen gezählt werden, abgrenzen, so dass man innerhalb dieses Raumes das Siedlungsgebiet der Germanen - aber ebenso neben anderen ethnischen Gruppen - annehmen kann.[5]

Der antike Germanenbegriff stimmt also weder mit der von der Sprache geprägten Auffassung, noch mit der archäologischen Definition überein, die ihrerseits aber ebenso wenig eine ethnische Demarkation liefern können. Die Frage nach einem eindeutig abgrenzbaren germanischen Siedlungsraum ist also leider nicht zu beantworten, nur in unscharfen Umrissen nachzuzeichnen.

1.2 Landesnatur und die Siedlungsplätze

„Obwohl das Land in seinem Aussehen erheblich unterschiedlich gestaltet ist, ist sein Anblick insgesamt doch entweder häßlich [sic!] durch seine Wälder oder gräßlich [sic!] durch seine Sümpfe, gegen Gallien hin ist es feuchter; gegen Noricum und Pannonien hin windiger; es bringt genügend Ertrag, trägt keine Obstbäume und ist reich an meist jedoch kleinwüchsigem Vieh. " (Tac. Germ. 5. 1)[6]

---

[4] Vgl. ebd., S. 6 ff.
[5] Vgl. Steuer, Heiko: Germanen, Germania, Germanische Altertumskunde; III. Archäologie; § 21-34; B. Ursprung und Ausbreitung der Germanen; C Wirtschafts- und Sozialgeschichte. In: Hoops, Johannes: Reallexikon der germanischen Altertumskunde. Hrsg. von Heinrich Beck et. al., 2., völlig neu bearb. und stark erw. Aufl. (Gemeinde – Geto-dakische Kultur und Kunst, Bd. 11), Berlin 1998, S. 327 ff.; vgl. Goetz 1995 (wie Anm. 1), S. 6 ff.
[6] Nach: Goetz 1995 (wie Anm. 1), S. 131.

Lange Zeit war die Vorstellung der Landesnatur Germaniens durch diese knappe Darstellung des Tacitus bestimmt. Erst seit ein paar Jahrzehnten ermöglichen naturwissenschaftliche Forschungsergebnisse die Landesnatur zur Zeit der älteren römischen Kaiserzeit annähernd zu rekonstruieren. In der Tat war das Siedlungsgebiet der Germanen ein natürliches Waldland mit Mooren und Sümpfen, das aber, entgegen der unwirtlichen Schilderung Tacitus, den Germanen eine Lebensgrundlage war. Man hat sich also die Germania vorwiegend als Waldland mit urwaldartigem Charakter vorzustellen, in dem waldfreie Siedlungsinseln in größere lichter bewaldete Siedlungsgebiete eingestreut waren. Die Karte im Anhang (siehe Anhang Abb. 3) zeigt eine Darstellung der bekannten kaiserzeitlichen Siedlungen und Gräberfelder, wobei hier anzumerken ist, dass nicht gewährleistet ist, dass alle Ansiedlungen gleichzeitig bestanden haben, da sich der erfasste Zeitraum über mehrere Generationen erstreckt und bekanntermaßen Siedlungsplätze oftmals kurzfristig wechseln konnten.[7] Man erkennt dichter besiedelte Siedlungsräume, die durch unbesiedelte und wohl mit Wald bedeckte Räume voneinander getrennt waren. Und weiterhin, dass die Siedlungen deutlich an das Gewässernetz gebunden waren. Zum einen konnte so der Wasserbedarf von Mensch und Tier gedeckt werden und zum anderen dienten die Wasserläufe wohl auch als Verkehrswege. Vor allem war das Flachland besiedelt. Mittelgebirge, ihr Randgebiet und selbst verhältnismäßig niedrige Hügellandschaften blieben unbesiedelt. Häufig wurden fruchtbare Böden bevorzugt.[8] Der Wirtschaftsraum einer Siedlung bestand aus der Ansiedlung selbst, dem Friedhof, den Ackerflächen, ggf. den Werkplätzen zur Rohstoffgewinnung und –verarbeitung und der Waldweide. Die Größe betrug ohne Waldweide einige hundert Meter und mit Waldweide kaum mehr als 1 km.

„Daß [sic!] die Völker der Germanen keine Städte bewohnen und daß [sic!] sie nicht einmal miteinander verbundene Siedlungen dulden, ist genügend bekannt. Sie wohnen abgesondert und einzeln, wie ihnen eine Quelle, ein Feld, ein Wald zusagt." (Tac. Germ. 16. 1)[9]

Es ist genügend bekannt, dass Germanen keine Städte bewohnten und tatsächlich lagen die Siedlungen relativ weit auseinander und nur selten teilten sich mehrere Siedlungen einen Wirtschaftsraum. Für die Wahl des Siedlungsplatzes mussten allerdings bestimmte Grundvor-

---

[7] Vgl. Jankuhn, Herbert: Siedlung, Wirtschaft und Gesellschaftsordnung der germanischen Stämme in der Zeit der römischen Angriffskriege. In: Temporini, Hildegard/ Haase, Wolfgang: Aufstieg und Niedergang der römischen Welt. Geschichte und Kultur Roms im Spiegel der neueren Forschung. (Teil II, Bd. 5.1). Berlin/ New York 1976, S. 67 ff.; vgl. Much, Rudolf: Die Germania des Tacitus. Hrsg. v. Wolfgang Lange. 3., beträchtlich erw. Aufl., unter Mitarbeit von Herbert Jankuhn. Heidelberg 1967, S. 107 ff.; vgl. Mildenberger 1972 (wie Anm. 1), S. 20 ff.
[8] Vgl. Mildenberger 1972 (wie Anm. 1), S. 21.
[9] Nach: Goetz 1995 (wie Anm. 1), S. 141.

aussetzungen gegeben sein. Da die Viehhaltung eine große Bedeutung hatte (vgl. Tac. Germ. 5. 1), mussten Viehweiden, Möglichkeiten der Futtergewinnung und Wasserversorgung vorhanden sein. Leicht bebaubares Land war für den Ackerbau und Rohstoffressourcen in unmittelbarer Nähe waren für die Eisenerzgewinnung notwendig. [10]

2. Siedlungswesen

Die historischen Quellen sagen über das germanische Siedlungswesen kaum etwas aus. Wichtig ist nur das Kapitel 16 der ‚Germania' des Tacitus. Gerade aber für diesen Bereich konnte die Archäologie durch die systematischen Ausgrabungen ganzer Siedlungsplätze viele und wichtige Ergebnisse vorlegen, die damit aber auch aufzeigen, wie kritisch die historischen Quellen zu betrachten sind.

2.1 Siedlungsform

„Die Dörfer errichten sie nicht in unserer Weise mit aneinandergereihten und zusammenhängenden Gebäuden: Jeder umgibt sein Haus mit einem freien Raum, teils als Maßnahme für den Fall eines Brandes, teils aus Unkenntnis über die Bauweise." (Tac. Germ. 16. 1) [11]

Die Häuser der Germanen standen in der Tat nicht wie in den römischen Siedlungen direkt nebeneinander bzw. aneinanderstoßend, da es sich eher um Höfe mit eigenständigen bäuerlichen Wirtschaftseinheiten, als um einzelne Häuser gehandelt hatte. Man darf aber diese Stelle in der ‚Germania' nicht so verstehen, als hätten die Siedlungen nur aus Einzelhöfen bestanden. Fast immer ist die Siedlungsform eine kleine oder größere Gruppensiedlung. Im Laufe der Zeit konnte aus einem einzelnen Hof oder einen kleinen Hofgruppe eine größere Gruppensiedlung werden, die sich im 2. und 3. Jahrhundert n. Chr. sogar zu respektablen Dörfern ausweiten konnte. Hier unterscheidet man Gehöfte (Einzelsiedlungen), Weiler (kleinere Gruppensiedlungen) und Dörfer (größere Gruppensiedlungen). Weithin konnte die Siedlung eine unregelmäßig gewachsene Haufenanlage oder ein regelmäßig geplantes Dorf sein. Neben

---

[10] Vgl. Jankuhn 1976 (wie Anm. 7), S. 82 ff.
[11] Nach: Goetz 1995 (wie Anm. 1), S. 141.

Befestigungen mit Wall und Graben und einfachen mit Palisaden befestigte Höfe gab es ver-
einzelt auch Wallanlagen, sog. Fluchtburgen in der Nähe von Siedlungen.[12]

2.2 Größe und Bevölkerungszahl

Angaben über die Bevölkerungszahl sind nach den historischen Quellen kaum möglich, da es
sich meist nur um Angaben über die Stärke von Heeren handelt, die zudem maßlos übertrie-
ben wurden. Angaben über die Größe von Dörfern fehlen. Anhand der archäologischen Ausgrabungen können aber annähernde Werte ermittelt werden. Die Größe der Dörfer variierte
zwischen 10 bis 20 Höfe und konnte im 3. Jahrhundert n. Chr. sogar 30 bis 50 Höfe umfas-
sen.[13] Jankuhn schätzt anhand ausgegrabener Friedhöfe und vollständig untersuchter Ansiedlungen die Bevölkerungszahl in einem Dorf mit 22 Höfen auf ca. 176 Menschen. Für das 1.
Jahrhundert n. Chr. muss man mit ca. 240 bis 264 Menschen und für das 3. Jahrhundert n.
Chr. mit ca. 322 Menschen in einem Dorf rechnen.[14]

2.3 Höfe und Häuser

*„(Denn) nicht einmal Bruchsteine oder Ziegel sind bei ihnen in Gebrauch; (sondern) zu
allem verwenden sie Bauholz in unbearbeitetem Zustand und ohne Rücksicht auf erfreu-
liches Aussehen. – Doch manche Stellen bestreichen sie ziemlich sorgfältig mit Erde,
die so rein und glänzend ist, dass sie ähnlich wie Bemalung mit farbigen Feldern aus-
sieht. Sie pflegen aber auch Gruben tief in die Erde einzulassen und packen ferner auf
sie obendrauf reichlich Mist, als Zuflucht (für sie) im Winter und als Aufbewahrungsort
für die Feldfrüchte; denn derartige Gruben schwächen die Einwirkung der strengen
Kälte ab.“* (Tac. Germ. 16. 2+3)[15]

Diese Darstellung des Tacitus trifft weitestgehend zu. Die Häuser der Germanen wurden aus
Holz gebaut und das Flechtwerk wurde mit Lehm verstrichen. Allerdings lässt sich auch oft
die Verwendung von Steinen für den Unterbau nachweisen.[16] Die gängige Hausform der
Wohnhäuser war das dreischiffige Wohn-Stall-Haus (es konnten aber auch ein-, zwei- oder
vierschiffige Häuser auftreten), das mit geräumigen Stallungen versehen war und der vorherrschenden landwirtschaftlichen Wirtschaftsform entsprach. Laut Jankuhn haben diese Wohnhäuser in Mittel- und Nordeuropa eine bis in die Bronzezeit zurückgehende Tradition. Andere

---

[12] Vgl. Mildenberger 1972 (wie Anm. 1), S. 30 f.; vgl. Jankuhn 1976 (wie Anm. 7), S. 88.
[13] Vgl. Jankuhn 1976 (wie Anm. 7), S. 88 f.
[14] Vgl. ebd., S. 93 ff.
[15] Nach: Goetz 1995 (wie Anm. 1), S. 141.
[16] Vgl. Mildenberger 1972 (wie Anm. 1), S. 26.

Hausformen lassen eher auf eine andere Wirtschaftsform schließen, wie das bei den Fischerhäusern in Nørre Fjand in Nordwestjütland der Fall war. [17]

Die vorherrschenden Wohnhäuser waren große, rechteckige Langhäuser, die ebenerdig gebaut worden und in einen Wohn- und in einen Stallteil mit Viehboxen aufgeteilt waren. Die kleineren Häuser besaßen meist keinen Viehstall und sind eher als Nebengebäude der Gehöfte oder als Wohnbauten eines nicht landwirtschaftlich lebenden Bevölkerungsteils anzusehen. Die bei Tacitus erwähnten Gruben waren sog. Kellergruben oder Grubenhütten, sehr kleine bis zu einem Meter eingetiefte Häuser. In so einer Hütte konnte ein Webstuhl stehen oder sie dienten, mit einem Herd versehen, als Kochhütten. Schließlich aber waren sie auch die von Tacitus erwähnten Vorratskeller. Weiterhin gab es in den Siedlungen kleine Vorratsspeicher. [18] Die genannten Gebäudeformen kamen in den Siedlungen fast immer gemeinsam vor. Die Gehöfteinhegungen zeigen (siehe Anhang Abb. 4), dass diese Bauten (siehe Anhang Abb. 5) zu einem germanischen Hof gehörten und so die zur landwirtschaftlichen Wirtschaftsform gehörenden Funktionen erfüllten. So konnten zu einer Wirtschaftseinheit mehrere Betriebe gehören oder sogar Mehrbetriebseinheiten auf einem Grundstück stehen. [19] Daneben gibt es aber in germanischen Siedlungen auch noch andere Bauten: Brunnen, Backöfen mit Lehmkuppel, die zur Rohstoffgewinnung benötigten Bauten und Schmelz- und Töpferöfen. [20] Die Lebensdauer der Holzhäuser war aber beschränkt. Nach einigen Jahrzehnten war ein Neubau erforderlich, der meist aber an derselben Stelle erfolgte. Allerdings kam es auch vor, dass die Bauten an anderer Stelle wieder erbaut wurden, welches den Forschern aber erschwert, die tatsächliche Größe einer Siedlung zu ermitteln. So unterlagen Hof und Dorf einem ständigen Wandel. Dazu kamen auch noch die bereits erwähnte kontinuierlich wachsende Siedlungsgröße und sogar auch die Verlegung ganzer Dörfer, so dass das Besiedlungsbild von ständiger Mobilität gekennzeichnet war. [21]

Lange war man versucht in bestimmten Siedlungskonzentrationen Stämme wiederzuerkennen. Auch die vorhandenen regionalen Unterschiede im Hausbau und in der Siedlungsform trugen zu derartigen Spekulationen bei. So dominieren im Norden und Nordwesten dreischiffige Hallenhäuser. In Skandinavien ist der Steinunterbau verbreitet und im Westen Germaniens, im Bereich der Rheinwesergermanen, waren einschiffige Häuser beliebter. Die Elb-

---

[17] Vgl. Jankuhn 1976 (wie Anm. 7), S. 91.
[18] Vgl. Mildenberger 1972 (wie Anm. 1), S. 32 ff.
[19] Vgl. ebd., S. 34.; vgl. Steuer 1998 (wie Anm. 5), S. 344.
[20] Vgl. Mildenberger 1972 (wie Anm. 1), S. 35.
[21] Vgl. Steuer 1998 (wie Anm. 5), S. 344; vgl. ebd., S. 30.

germanen bevorzugten zweischiffige Häuser. Diese Überlegungen sind aber äußerst problematisch, da zum einen eine Siedlungskonzentration keine eindeutigen Rückschlüsse zulassen kann, da sich durchaus ein Stamm über mehrere Siedlungskonzentrationen erstrecken könnte oder sich mehrere Stämme innerhalb einer Siedlungskonzentration nebeneinander bestehen könnten. Zum anderen ist die Zahl der ergrabenen Hausgrundrisse zu gering, die Verteilung zu ungleichmäßig und manche Gebiete besser, andere weniger erschlossen, so dass sich eine Übertagung verbietet.[22]

Weiterhin ist man auch der Frage nachgegangen, ob man über die Siedlungsweise eindeutige Erkenntnisse gewinnen kann, die auf ein spezifisches germanisches Siedlungswesen hinweisen, um so Grenzmarkierung gegenüber anderen ethnischen Gruppierungen vornehmen zu können. Aber dabei handelt es sich immer um Erscheinungen, die zwar innerhalb des als germanisch angenommenen Gebietes vorkommen, aber ohne dass damit gesagt werden kann, dass dies nicht auch auf andere Gebiete übertragbar wäre, in denen klimatische und soziale Vorbedingungen gleich waren. Eindeutige Unterschiede in der Hausform lassen sich nur auf den Britischen Inseln verzeichnen und ein grundsätzlich anderes Siedlungswesen ist für die römischen Provinzen zu belegen, ansonsten sind die Unterschiede für Nord- und Mitteleuropa zu gering, um zu einer klaren Trennung gelangen zu können.[23]

So kann schlussendlich zwar festgestellt werden, dass der Siedlungsraum und das Siedlungswesen in der dargestellten Weise den historischen belegten Germanen zugeordnet werden können, es kann aber durch die neueren archäologischen und sprachwissenschaftlichen Möglichkeiten kein spezifisch fassbares Germanentum ermittelt werden, das sich von anderen Ethnien in Nord- und Mitteleuropa eindeutig abgrenzen lässt. Auch die historischen Quellen liefern die Beschreibung einer Volksgruppe der Germanen nur unter der römischen Prämisse: „Römisches Reich vs. Germanen". Aus diesem Grund findet sich auch im „Reallexikon der germanischen Altertumskunde" die Forderung, dass es an der Zeit ist, *„daß [sic!] auch die ‚germ. Altkde' bei der Einbeziehung arch. Qu. einen Paradigmenwechsel vornimmt, wie das schon im manchen Ländern von der Ur- und Frühgeschichtsw. (Skand., England) geschehen ist: Kulturkreise, Verbreitungsmuster sollten nicht mehr in erster Linie als ethnische Einheiten, seien das Stämme, Stammes- oder Kulturverbände, gedeutet werden, sondern als das, was sie nach den Qu. selbst unmittelbar sind, zusammenhängende Bereiche ähnlichen zivilisatorischen Zuschnitts, der entscheidend vom wirtschaftl. und sozialen Gefüge geprägt*

---

[22] Vgl. ebd., S. 35; vgl. Jankuhn 1976 (wie Anm. 7), S. 85 f.; vgl. Steuer 1998 (wie Anm. 5), S. 345.
[23] Vgl. Steuer 1998 (wie Anm. 5), S. 345 f.

wird."[24] So sind die Germanen nur als ein Teil einer Nord- und Mitteleuropäischen Kultur anzusehen.

---

[24] Ebd., S. 352.

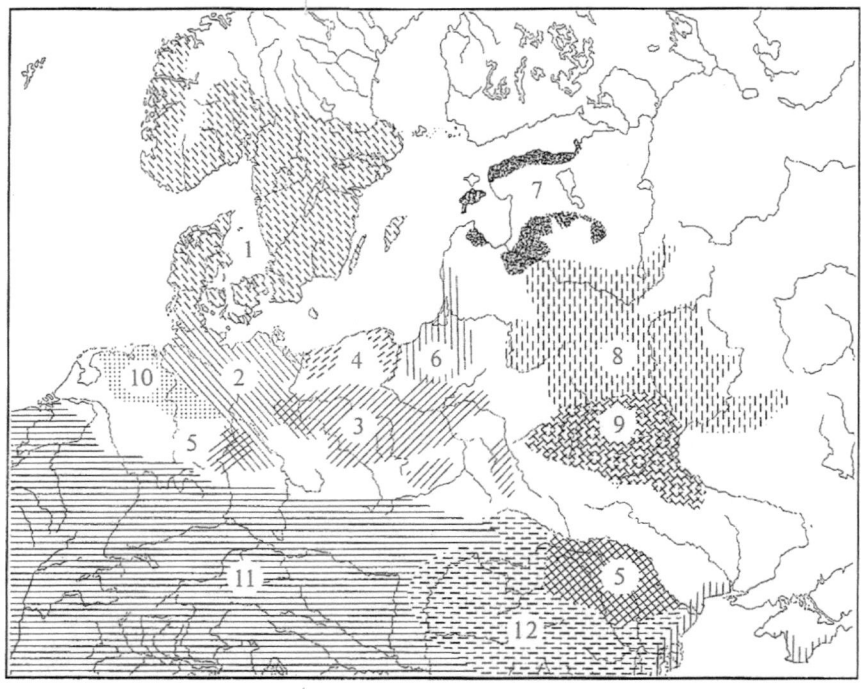

Abb. 1 Kulturgruppen der späten vorrömischen Eisenzeit (2. Jh. v. Chr.)

1-6 und 10   zu den Germanen gerechnete Gebiete

    1 Nordische Gruppe
    2 Jastorf-Kultur
    3 Przeworsk-Kultur
    4 Oksywie (Oxhöfter)-Kultur
    5 Gebiete mit Einflüssen der Przeworsk- und der Jastorf-Kultur
    6 Wielbark (Willenberg)-Kultur
    7 Estländische Gruppe
    8 Ostbaltische Waldzonenkulturen
    9 Zarubincy-Kultur
    10 Harpstedt-Nienburger Gruppe
    11 Kelten der Spätlaténezeit
    12 Geten und Thraker

(aus: Künzel, Ernst: Die Germanen. Stuttgart 2006, S. 16)

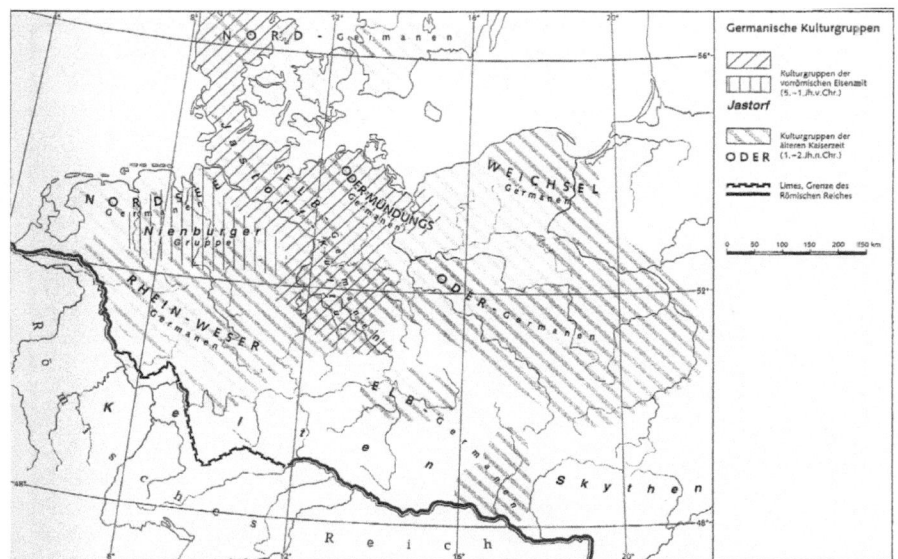

Abb. 2   Germanische Kulturgruppen

(aus: Künzel, Ernst: Die Germanen. Stuttgart 2006, S. 15)

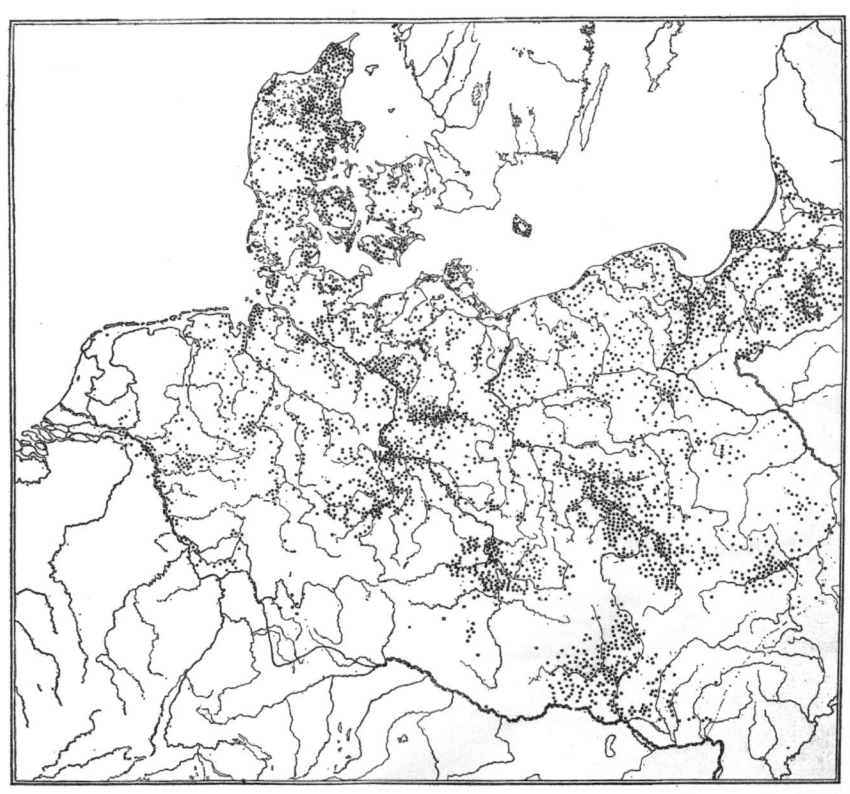

Abb. 3 Fundplätze der älteren und mittleren römischen Kaiserzeit in Mitteleuropa

(aus: Much, Rudolf: Die Germania des Tacitus. Hrsg. v. Wolfgang Lange. 3., beträchtlich erw. Aufl., unter Mitarbeit von Herbert Jankuhn. Heidelberg 1967, Anhang, Karte 3)

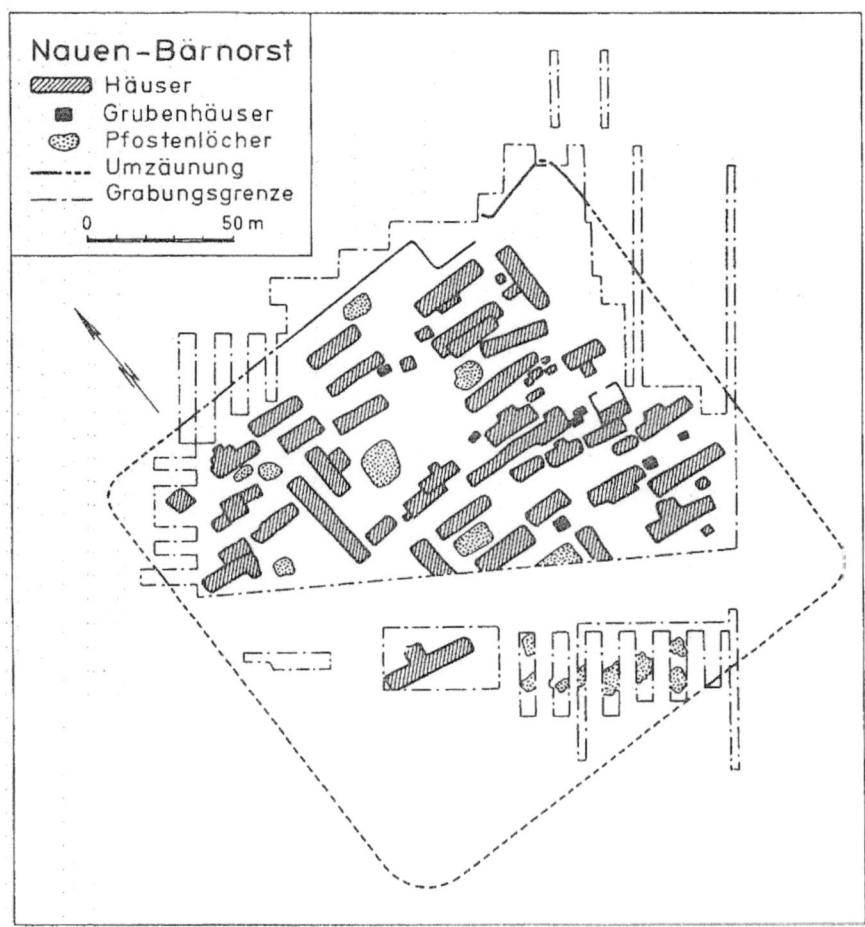

Abb. 4 Plan eines germanischen Dorfes des 2. und 3. Jahrhunderts von Nauen

(aus: Mildenberger, Gerhard: Sozial- und Kulturgeschichte der Germanen. Von den Anfängen bis zur Völkerwanderung. Stuttgart et. al. 1972, S. 27)

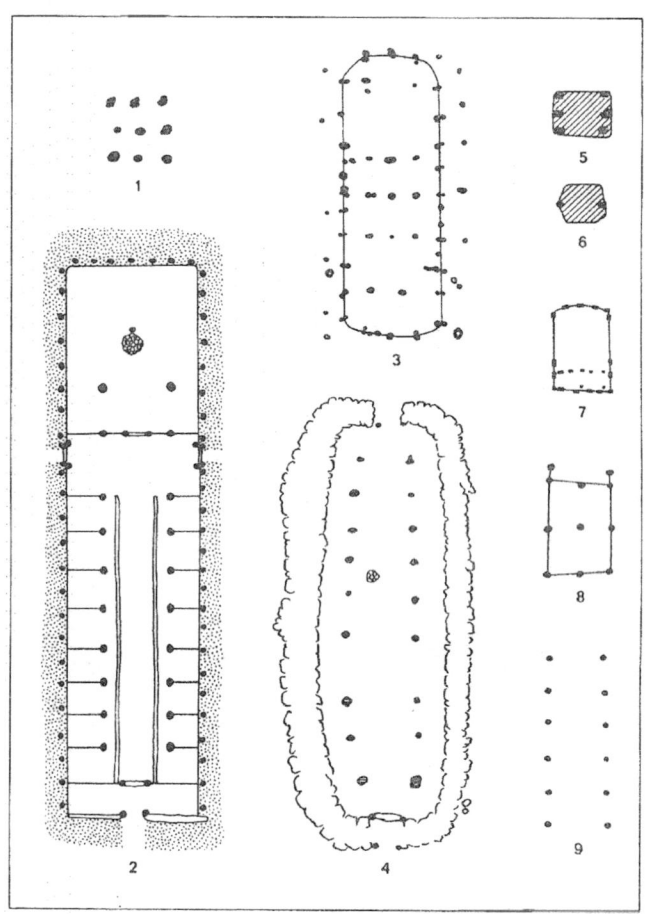

Abb. 5 Grundrisse germanischer Häuser und Speicher

1 Speicher
2 dreischiffiges Haus (Feddersen Wierde)
3 vierschiffiges Haus (Kablow)
4 dreischiffiges Haus (Vallhagar)
5 Grubenhaus (Rhee)
6 Grubenhütte (Haldern)
7 einschiffiges Haus (Recklinghausen-Hochlarmark)
8 zweischiffiges Haus (Harth bei Leipzig)
9 Speicher (Den Hool)

(aus: Mildenberger, Gerhard: Sozial- und Kulturgeschichte der Germanen. Von den Anfängen bis zur Völkerwanderung. Stuttgart et. al. 1972, S. 33)

QUELLEN- UND LITERATURVERZEICHNIS

Quellen:

TACITUS, PUBLIUS CORNELIUS: Germania. Kap. 5 und Kap. 16. In: Goetz, Hans-Werner/ Welwei, Karl-Wilhelm: Altes Germanien. Auszüge aus den Antiken Quellen über die Germanen und ihre Beziehungen zum Römischen Reich. Quellen der alten Geschichte bis zum Jahre 238 n. Chr. Erster Teil (Ausgewählte Quellen zur deutschen Geschichte des Mittelalters, Bd. 1a). Darmstadt 1995.

Literatur:

GOETZ, HANS-WERNER/ WELWEI, KARL-WILHELM: Altes Germanien. Auszüge aus den Antiken Quellen über die Germanen und ihre Beziehungen zum Römischen Reich. Quellen der alten Geschichte bis zum Jahre 238 n. Chr. Erster Teil (Ausgewählte Quellen zur deutschen Geschichte des Mittelalters, Bd. 1a). Darmstadt 1995.

JANKUHN, HERBERT: Siedlung, Wirtschaft und Gesellschaftsordnung der germanischen Stämme in der Zeit der römischen Angriffskriege. In: Temporini, Hildegard/ Haase, Wolfgang: Aufstieg und Niedergang der römischen Welt. Geschichte und Kultur Roms im Spiegel der neueren Forschung. (Teil II, Bd. 5.1). Berlin/ New York 1976, S. 65-126.

KÜNZEL, ERNST: Die Germanen. Stuttgart 2006, S. 15

MILDENBERGER, GERHARD: Sozial- und Kulturgeschichte der Germanen. Von den Anfängen bis zur Völkerwanderung. Stuttgart et. al. 1972.

MUCH, RUDOLF: Die Germania des Tacitus. Hrsg. v. Wolfgang Lange. 3., beträchtlich erw. Aufl., unter Mitarbeit von Herbert Jankuhn. Heidelberg 1967

STEUER, HEIKO: Germanen, Germania, Germanische Altertumskunde; III. Archäologie; § 21-34; B. Ursprung und Ausbreitung der Germanen; C Wirtschafts- und Sozialgeschichte. In: Hoops, Johannes: Reallexikon der germanischen Altertumskunde. Hrsg. von Heinrich Beck et. al., 2., völlig neu bearb. und stark erw. Aufl. (Gemeinde – Geto-dakische Kultur und Kunst, Bd. 11), Berlin 1998, S. 318-356.